NOTICE

SUR LA VIE

DE

M. GERSON-LÉVY

SUIVIE

DES DISCOURS PRONONCÉS A SES OBSÈQUES

ET DES ARTICLES NÉCROLOGIQUES

CONSACRÉS A SA MÉMOIRE

METZ

IMPRIMERIE J. MAYER, RUE DE LA HAYE, 4

M DCCC LXV

NOTICE

SUR LA VIE

DE

M. GERSON-LÉVY

NOTICE

SUR LA VIE

DE

M. GERSON-LÉVY

SUIVIE

DES DISCOURS PRONONCÉS A SES OBSÈQUES

ET DES ARTICLES NÉCROLOGIQUES

CONSACRÉS A SA MÉMOIRE

METZ

IMPRIMERIE J. MAYER, RUE DE LA HAYE, 4

—

M DCCC LXV

On considérera peut-être la publication de cette notice comme ne répondant ni à la simplicité ni à la modestie qui distinguaient si éminemment notre vénérable beau-père.

Nous avons, en cela, cédé au désir que nous ont exprimé de nombreux parents et amis, de même que nous avons cru devoir à tous qui ont consacré à sa mémoire leur parole ou leur plume, de réunir en un faisceau durable leurs éloquents témoignages de sympathie et de regrets.

Dans ceux-ci on trouvera fidèlement reproduits les traits qui caractérisaient le noble défunt et l'hommage le plus complet rendu à son existence si bien remplie. — Pour nous, qui avons eu le douloureux privilége d'assister à ses derniers moments, qui avons suivi avec tant d'angoisses, avec tant d'espérances tour à tour trompées, les phases de la cruelle maladie qui nous l'a enlevé il y a aujourd'hui un an, nous voudrions, à notre tour, pouvoir rendre un hommage complet à sa mort, c'est-à-dire dépeindre le degré de sublimité auquel se sont élevés son courage et sa résignation ; nous voudrions pouvoir longuement rappeler ses aspirations incessantes vers un monde meilleur, sa confiance en Dieu, et son désir si souvent et si énergiquement exprimé d'être soustrait, par une mort prochaine, aux infirmités menaçantes de la vieillesse, afin, disait-il, de ne point assombrir l'existence de ceux qui l'entouraient.

Mais au souvenir de cette héroïque et tendre discrétion comme au souvenir des plaintes que les tortures physiques arrachaient au bien aimé malade sans troubler un instant ni la sérénité de son âme, ni l'aménité de son cœur, ni la fermeté de son esprit, nos yeux s'emplissent de larmes et la plume nous échappe des mains.

M. Alcan.

Metz, le 11 décembre 1865.

NOTICE BIOGRAPHIQUE

Par M. THIEL

MEMBRE DE L'ACADÉMIE IMPÉRIALE DE METZ

NOTICE BIOGRAPHIQUE.

Messieurs,

Cette année, comme la précédente, nous a ravi encore un des membres fondateurs, ou mieux, restaurateurs de notre Académie ! Encore deux ! devrais-je dire, tant la mort précipite ses coups dans leurs rangs éclaircis ! Car depuis qu'elle vous a enlevé l'estimable M. Gerson-Lévy, elle vient, tout récemment, de frapper M. le docteur Ibrelisle, qui, lui aussi, laisse parmi vous un bon souvenir, bien qu'un état de santé déplorable l'ait depuis longtemps écarté de vos réunions et empêché de prendre part à vos travaux. Un de nos confrères vous redira ses mérites comme savant et comme membre de notre Compagnie; ma tâche, en ce jour, à moi, ancien ami de tous deux et leur contemporain encore debout, est de venir mêler mes accents au concours d'éloges et de regrets qui s'est fait entendre sur la tombe du premier, dont vous avez ressenti la perte d'autant plus vivement, qu'il vous était demeuré fidèle jusqu'à la fin, et que, malgré le poids d'une vieillesse qui n'avait altéré que les forces de son corps, il n'avait, pour ainsi dire, pas cessé de se montrer à vos séances et de concourir avec vous au but essentiellement utile de cette Société, dont les aspirations et l'esprit lui étaient bien connus, puisqu'il avait coopéré à la former.

Le jour même où vous avez, en si grand nombre, conduit sa dépouille mortelle jusqu'à sa dernière demeure, désigné pour devenir l'interprète des sentiments que vous inspirait

sa perte, j'ai dû, à regret, décliner cette pieuse mission,
Mais à défaut de ma faible voix, plusieurs autres plus élo-
quentes ont su louer dignement l'homme simple, aimable
et bon, le citoyen honorable et utile, le savant modeste,
le littérateur érudit, le linguiste distingué, l'orientaliste profond, qui, dans toutes ses recherches, s'est montré l'ami
de la vérité, comme dans toutes ses actions le zélé partisan
de l'ordre, de la justice et du bien.

Au nom de l'Académie en deuil, votre vice-président,
M. de Bouteiller, a déposé sur sa tombe l'expression des
plus profonds et des plus sincères regrets de tous ses confrères, avec celles de leurs sentiments d'estime et d'attachement, transformés, a-t-il dit, par les progrès de l'âge en
une véritable vénération.

Le grand rabbin de la circonscription israélite de Metz,
M. Lipman, a, dans une touchante improvisation, conve-
nablement apprécié les qualités de son cœur, l'aménité de
son caractère, les solides vertus de sa vie privée, sa charité inépuisable, les mérites de ses longs jours si dignement remplis, ainsi que l'étendue de ses connaissances dans
les écritures sacrées et la science religieuse, les services
qu'il a rendus à l'israélitisme contemporain, en provoquant
la fondation d'écoles pour les jeunes enfants, en donnant
des leçons, des conseils et des soins à l'École rabbinique,
en publiant, enfin, des écrits où brille, avec la plus solide
érudition, la critique la plus saine et la plus spirituelle.

M. Lévy Bing, banquier à Nancy, ancien disciple de
M. Gerson-Lévy et devenu son ami, a voulu exprimer
chaleureusement sa reconnaissance et son affection.

Enfin, M. Johel Anspach, son ami d'enfance, son collègue et l'émule de toute sa vie, se proposait de répandre
aussi quelques fleurs sur sa tombe; mais, paralysées par
l'émotion, ses lèvres n'ont pu prononcer les quelques
lignes que sa main avait tracées sous l'inspiration de son
cœur.

Tels furent les honorables témoignages qui marquèrent
les funérailles de M. Gerson-Lévy. Si je les mentionne au
début d'une Notice sur sa vie, destinée à être insérée

dans vos Mémoires, c'est qu'ils me semblent de nature à faire, dès l'abord, concevoir une idée vraie de ce qu'a dû être, dans son ensemble et dans ses résultats, cette vie simple et modeste, couronnée par de tels suffrages.

J'avais même pensé que pour en faire le récit que vous attendez de moi, il suffirait, en quelque sorte, de puiser à ces sources respectables, de leur emprunter les traits les plus saillants, et de n'être qu'un écho de ceux qui m'avaient devancé dans l'exposé de ses qualités, de ses travaux et de ses vertus. Mais informé que sa famille se propose de rassembler en un faisceau ces documents si précieux pour elle, et d'en faire, en les publiant avec cette Notice elle-même, comme un monument élevé à la mémoire de son chef vénéré, j'ai dû chercher encore ailleurs des détails et des renseignements, non toutefois sans avoir mentionné ici ces témoignages flatteurs dont le souvenir au moins doit rester inscrit dans nos annales.

Gerson-Lévy, que nous avons perdu le 11 décembre 1864, était né le 21 février 1784, dans la ville de Metz, où son père exerçait un commerce de librairie ancienne, qui fut continué par son frère aîné et par lui-même. Peut-être cette circonstance influa-t-elle d'une manière heureuse sur la culture précoce de son intelligence. A peine put-il, encore enfant, déchiffrer ces livres au milieu desquels il s'élevait, qu'il en tira lui seul une instruction bien supérieure à celle des autres jeunes israélites de son âge. Car, ce n'est certes pas à l'école qu'il fréquentait avec eux, qu'il aurait pu la recevoir. Là, en effet, tenus tout le jour, dans une chambre sans air et sans lumière, courbés sur quelques pages du Talmud, ces enfants écoutaient, sans la comprendre, une explication verbale du texte hébreu, faite par un maître peu lettré, et qui n'avait souvent que la férule pour réveiller leur attention endormie; quant à la lecture et à l'écriture, soit en français, soit en allemand, les deux idiomes plus ou moins mal parlés dans leurs familles, ils n'y étaient initiés que plus tard, et lorsqu'ils approchaient de leur treizième année, qui est, pour eux, l'âge de la majorité religieuse. Dès lors, cependant, le jeune Gerson possédait

des connaissances plus étendues dans ces deux langues, les
ayant en quelque sorte acquises de lui-même, et en sus
des leçons d'hébreu dont il avait profité mieux que tout
autre. Aussi put-il, dans les dernières années du dix-huitième siècle, entrer à l'École centrale de la Moselle, seul
établissement d'instruction publique existant alors à Metz.
Bientôt il en devint un des élèves les plus distingués; il
y suivit avec succès des cours d'histoire et de géographie,
de langue latine et de langue française, de grammaire et de
littérature, et il ne tarda pas à être en état de transmettre son
instruction à d'autres. Dès lors, aussi, son jeune talent se
révéla dans quelques pièces imprimées et dans des discours lus
à la Société d'émulation de Metz, dont les manuscrits sont con-
servés. Un d'eux, prononcé le 20 brumaire de l'an XIII
(novembre 1804), indique même qu'il en était président.

Ne voulant plus, dès lors, rester à la charge de sa famille,
il chercha de l'emploi en qualité de professeur, et, comme à
cette époque la présence de nos armées victorieuses en Allemagne y excitait le désir et même le besoin de connaître notre
langue, après un court noviciat dans une petite ville de nos
environs, il fut appelé à faire un cours de langue et de littéra-
tures françaises dans un établissement renommé, à Francfort-
sur-le-Mein. Là, son mérite ne tarda pas à être apprécié; ses
leçons furent recherchées; il fut admis dans les familles les
plus honorables, et c'est ainsi qu'il compta Mme la baronne
James de Rothschild pour une de ses meilleures élèves. Il
trouva dans cette ville un autre avantage non moins précieux,
celui de pouvoir se perfectionner dans la connaissance de la
langue et de la littérature allemandes, s'initier à l'érudition
philosophique et historique de nos voisins d'outre-Rhin, lire et
étudier leurs ouvrages hébraïco-allemands, ainsi que leurs
savantes recherches. Il y eut, de plus, l'heureuse chance d'y
rencontrer les célèbres docteurs Hesse, Joost, Zuns, etc., de se
lier avec eux et de conquérir leur affection, de même qu'il
s'était concilié celle de ses collègues et de ses élèves, avec plusieurs desquels il est resté en correspondance.

Les événements de 1814 le ramenèrent en France; il revint
dans sa ville natale et il épousa une femme aussi distinguée par

ses vertus que par les qualités de son cœur et de son esprit. Associé d'abord avec son père et son frère pour le commerce de la librairie, il s'en sépara bientôt et fonda, sous son propre nom, une maison qu'il a laissée plus tard au mari de l'unique fille qui lui est restée.

Le jeune couple, si bien assorti sous le rapport de la culture intellectuelle, de l'élévation des sentiments et des goût généreux, était loin d'être dans une aisance qui lui permît d'y donner pleine satisfaction. Les modiques revenus qu'il tirait uniquement du commerce, aux soins duquel tous deux coopéraient suffisaient à peine aux besoins de la famille naissante, et, cependant, ils suivaient l'impulsion de leur cœur qui les portait à soulager l'infortune, à venir en aide à leurs frères malheureux ; leur main était constamment ouverte aux pauvres, sans acception de croyance ; mais ils se préoccupaient surtout de l'amélioration du sort des israélites indigents ; ils créèrent en leur faveur des associations dont le but était de soulager leur misère, et ils consacraient à ces œuvres pieuses, aux prix d'une stricte économie et de privations personnelles, des loisirs et des ressources qui, donnés à leur négoce, eussent accru leur propre bien-être dans le présent et pour l'avenir. Mais ajoutons que c'est dans l'exercice de cette inépuisable bienfaisance qu'ils ont cherché et su trouver des consolations aux cruels chagrins que leur causa la perte de quatre enfants successivement enlevés à leur tendresse.

On voit aussi M. Gerson-Lévy se joindre à quelques autres pères de famille pour fonder à Metz, en faveur des enfants de leurs correligionnaires, une école primaire suivant le mode d'enseignement mutuel, sur le modèle de celle qu'y dirigeait déjà avec succès son collègue M. Munier. Malgré une opposition d'abord assez vive, cette école compta bientôt une centaine d'enfants, dont les progrès étaient constatés d'année en année par des distributions de prix, où lui-même les faisait ressortir. Ce fut là, pour la jeunesse israélite de Metz, comme un réveil de la civilisation.

On le voit également concourir à la création d'une société pour encourager ces jeunes gens à entrer, au sortir de l'école, en apprentissage d'arts ou de métiers. C'était encore travailler efficacement à les moraliser.

Durant trente ans, il demeure attaché à l'École rabbinique de Metz, d'abord comme professeur de belles-lettres, ensuite comme administrateur; et il devient pour les jeunes lévites qui en suivent les cours, un conseiller plein d'une paternelle affection; il leur fait des conférences où sa parole les édifie autant qu'elle les instruit, et là comme à Francfort il fait naître l'estime et la reconnaissance dans le cœur de ceux qui l'écoutent.

Un goût naturel le poussait à la recherche du vrai comme à la pratique du bien. Tant de soins généreux ne l'empêchaient pas, en dehors des occupations réclamées par ses propres affaires, de se livrer habituellement à des études, soit de linguistique ou de philosophie, soit de littérature et d'histoire, et de se préoccuper de tout ce qui peut contribuer au progrès des connaissances humaines. Aussi fut-il des premiers à partager les aspirations de ceux qui conçurent la pensée de former, à Metz, une Société dont le but serait de travailler à ce progrès. Vous redirai-je ici, comme je l'ai fait en vous parlant de son ami de cœur, l'estimable M. Munier, que M. Gerson-Lévy l'accompagnait aux premières réunions chez l'honorable M. Macherez; qu'ils assistaient ensemble à la séance du 14 avril 1819, où fut adopté le titre modeste de *Société des amis des lettres, des sciences et des arts*, ainsi qu'à celle de l'installation du 20 janvier 1820? C'est pour cela que vous lui avez décerné, dans votre dernier règlement, le titre de membre honoraire fondateur de cette même Société, devenue notre Académie. Mais, ce titre, il l'a mérité aussi par le dévouement et le zèle vraiment infatigable qu'il a mis, surtout dans les premières années, à répondre à ses appels, et à coopérer à ses travaux. Je doute que, parmi ses membres, aucun autre ait fourni à ses archives un plus grand nombre de rapports, de notes, de travaux de tout genre, et sur les matières les plus diverses : critique littéraire et philosophique, grammaire générale, étude de l'orientalisme, linguistique savante, géographie ancienne et comparée, histoire et archéologie, statistique et économie politique; ses nombreux travaux embrassent cette variété, et ses jugements portent le cachet d'un goût épuré, d'un sens droit guidé par une solide érudition. Vous désigner tous ces écrits excéderait les limites imposées à cette Notice (le dossier qui les a reçus en numérote plus de deux cents); mais vous me permettrez de vous rappeler ici ceux qui ont plus particulièrement excité l'intérêt de l'Académie.

Elle n'a sans doute pas oublié, bien que la date en remonte à 1820, la judicieuse appréciation qu'a faite M. Gerson-Lévy, de l'ouvrage de M. le marquis de Malleville, qui la présidait alors, intitulé *les Benjamites en Israël.*

Elle se souvient aussi de ses divers rapports sur la traduction de la Bible, par M. Cahen; sur une *Médaille hébraïque* frappée sous Louis le Débonnaire; sur l'*Anthologie rabbinique* et sur le mot *Anchialum,* employé par le poète latin Martial; sur les *Antiquités de Trèves,* décrites par M. Wittembach; sur les *Antiquités gallo-romaines* de Rheinzabern; sur l'*Histoire de Thionville,* par M. Tessier; sur les *Progrès de l'imprimerie en Lorraine,* par M. Beaupré; ainsi que d'un curieux travail sur l'*Origine des chiffres arabes* et de l'*Abacus.* Plusieurs de ces écrits sont insérés dans vos Mémoires. Vous y avez aussi donné place à un remarquable rapport sur un *Projet tendant à introduire l'orientalisme primitif* dans l'enseignement des facultés des lettres de l'Université française, par l'érection *de chaires de sanscrit et d'arabe classique.* Ce projet, émané de l'Académie de Stanislas, à Nancy, avait été adressé à l'Académie de Metz avec un long mémoire de M. Guerrier de Dumast, qui réclamait son appui. « Celle-ci, dit le » compte rendu de 1854, ne pouvait mieux faire que de » confier l'appréciation de ce travail à notre savant orien- » taliste M. Gerson-Lévy, dont le lumineux rapport vous a » tous convaincus de l'importance du point de vue auquel » s'est placé notre correspondant. Aussi, vous associant aux » vœux de l'auteur, vous êtes-vous empressés d'adresser à » S. Exc. le Ministre le rapport qui vient si chaleureusement » à l'appui des propositions émises par M. de Dumast. »

Ce rapport valut à l'auteur son admission à l'Académie de Stanislas, en qualité d'*associé lorrain,* et, ici, je crois de- voir vous citer le texte même du rapport qui conclut à son admission. Après avoir désigné les ouvrages adressés par le

candidat, et au nombre desquels se trouvent deux des rapports extraits de vos Mémoires, le rapporteur ajoute : « Des
» imprimés tels que ceux-là suffiraient déjà pour faire voir
» sous un jour favorable la candidature d'un homme, et
» faire prendre sa demande en sérieuse considératio·i. Toute-
» fois, ce n'est pas précisément comme auteur, disons-le,
» que l'attitude de M. Gerson-Lévy est le mieux dessinée :
» il a, depuis longtemps, un rôle plus actif, soit comme
» académicien proprement dit, soit comme philanthrope ; les
» sociétés ou savantes ou charitables dont il fait partie,
» l'appellent comme membre dans les comités au sein des-
» quels se font les études pratiques et s'élaborent les déci-
» sions. Or, partout où ses lumières sont réclamées, il ap-
» porte le concours d'un esprit judicieux, avantageusement
» marié à un caractère doux et conciliant. Doué, qu'est
» M. Gerson-Lévy, d'un talent de sainte critique, dont le ton
» n'est jamais tranchant, il a dû fort souvent, on le conçoit,
» être choisi comme rapporteur par des commissions qui
» avaient à exprimer leur pensée avec une parfaite me-
» sure. » M. le Rapporteur de l'Académie de Nancy n'a-t-
il pas, ici, apprécié notre confrère comme nous l'apprécions
nous-mêmes ? Il ajoute : « Un des travaux les plus récents
» dont le candidat se trouve avoir été chargé, c'est juste-
» ment un objet qui vous concerne : c'est le rapport après
» la lecture duquel l'Académie impériale messine a cru de-
» voir appuyer en plein votre démarche quant à la demande
» d'érection, dans les facultés, *de chaires de sanscrit et d'a-*
» *rabe classique*, rapport élaboré avec soin, où vos argu-
» ments ont reçu des développements confirmatifs très-
» érudits, d'après lesquels Metz a eu l'honneur de partager
» avec Nancy, sur toutes les autres villes de France, l'ini-
» tiative du plaidoyer en faveur de l'orientalisme ; eh bien,
» c'est à la pensée, c'est à la plume de M. Gerson-Lévy
» qu'on en est redevable ! Ne vous semble-t-il pas, Messieurs,
» qu'en les formulant d'une manière si nette et si intelli-
» gemment hardie, c'est-à-dire en faisant avec vous un
» acte de fraternité d'armes tellement complet au milieu de
» ses confrères les académiciens de Metz, M. Gerson-Lévy

» prenait virtuellement, dès ce jour-là, sa place comme
» associé dans les rangs de l'Académie de Stanislas? »

Qu'ajouter, Messieurs, à de telles paroles, sinon qu'elles
formulent, beaucoup mieux que je n'eusse pu le faire, ce
que vous pensez tous de notre estimable et regretté confrère.

Vous pensez peut-être aussi que les travaux dont je viens
d'abréger la liste, ont suffi à remplir les loisirs que lui lais-
saient son commerce, les affaires et la direction du journal
politique l'*Indépendant*, dont il fut le gérant de 1830 à 1855.
Eh bien, détrompez-vous; pour lui, changer de travail, c'était
se reposer. A côté de ces occupations obligées, en outre de
nombreux écrits que j'ai mentionnés, il a trouvé le temps de
composer un morceau de critique, qui est aussi remarquable
par le fond que par la forme, sur la *Littérature allemande* à la
fin du dix-huitième siècle, et qui tient une place distinguée
dans le recueil intitulé *Metz littéraire*, publié en 1854, puis de
faire insérer périodiquement dans les *Archives israélites de
France*, fondé par son ami, M. Cahen, le traducteur de la
Bible, de nombreux articles sur l'état actuel du judaïsme, parmi
lesquels on peut citer, comme ayant un mérite de pensées et de
style, ceux qui ont pour titre : *Conviction d'un israélite* en présence du prosélytisme (janvier 1842); *Un mot réfléchi à propos
d'un mot inconsidéré* (mars 1845); *Le Rabbin français* (juin
1846); *Considérations sur l'éducation religieuse chez les israélites*
(1852); *De la condition et de l'éducation religieuse de la femme
hébreue, chez les anciens et les modernes* (1852); *Du paupérisme
chez les Juifs, de ses causes et des moyens d'y remédier* (1854);
enfin, toute une série d'articles relatifs à la réforme du rite
dans les synagogues, qui ont été réunis sous le titre peu signi-
ficatif pour les profanes : *Orgue et Pioutim*, mais qui, à la
lecture, acquièrent un attrait particulier par la vivacité du
style, la verve critique qui l'anime, l'érudition qui s'y montre
avec mesure au milieu d'une dialectique animée et spirituelle,
assaisonnée de sel attique. On les croirait l'œuvre d'un écrivain
dans toute la verdeur de l'âge et du talent, et pourtant notre
aimable confrère en a daté le premier de 1856, c'est-à-dire
qu'il les a composés à un âge plus que mûr. Aussi avions-nous

2

raison d'assurer que son corps seul avait veilli : son esprit et son cœur étaient restés jeunes.

Tels sont ses œuvres et ses titres littéraires. Voilà ce que fut Gerson-Lévy comme membre de notre Académie, au sein de laquelle, par des relations toujours empreintes de bienveillance, nous avons pu apprécier l'aménité de son caractère et le charme de sa conversation.

Ce qu'il a été comme citoyen, comme fils, époux et père, ne le savons-nous pas aussi, et par tout ce qui précède, et par sa vie si simple, si modeste, mais si laborieusement utile et toute consacrée au bien ? Elle s'est, en effet, écoulée presque entièrement sous les yeux de ses concitoyens, et pour ceux qui n'en ont vu que la fin si calme et si sereine, les manifestations qui ont accompagné ses funérailles, et qu'il était bon de rappeler ici, ne disent-elles pas assez hautement quelle mémoire vénérée il laisse à tous, quels regrets, quels sentiments de sympathique estime il emporte avec lui ?

THIEL.

(*Extrait des Mémoires de l'Académie impériale de Metz, année 1864-1865.*)

EXTRAITS DES JOURNAUX

M. GERSON-LÉVY.

EXTRAITS DES JOURNAUX.

EXTRAIT DE *L'INDÉPENDANT DE LA MOSELLE.*

(14 décembre 1864.)

Les obsèques de M. Gerson-Lévy ont eu lieu hier mardi au milieu d'un concours considérable ; c'était bien là le cortége d'un homme de bien, arrivé au terme d'une longue et honorable carrière.

Ses amis, ses connaissances et le grand nombre de personnes qui se sont trouvées en relation avec lui ont pu apprécier l'urbanité et la droiture de son caractère. Ce n'est pas à eux que nous voulons rappeler les aimables qualités qui distinguaient ce modeste et affable savant : nous croyons inutile aussi d'insister sur sa réputation littéraire : une vie aussi pure et aussi bien remplie que celle de M. Gerson-Lévy ne saurait se résumer en quelques lignes, elle est du reste tout au long tracée dans les annales savantes de notre ville.

Dès 1829, la Biographie de la Moselle le plaçait au

nombre de nos illustrations ; nous n'y puiserons que
quelques dates :

« Gerson-Lévy, dit Bégin, est né à Metz le 25 février
« 1784. Après de brillantes études faites à l'école
« centrale de Metz, il partit pour l'Allemagne et pro-
« fessa dans un collége de Francfort-sur-le-Mein la
« langue française et l'hébreu.

« Rentré en France par suite des évènements de
« 1814, il monta dans cette ville un magasin de librai-
« rie. Membre fondateur de l'Académie actuelle,
« M. Gerson-Lévy a fait à cette société plusieurs rap-
« ports judicieux qui décèlent des connaissances
« profondes et variées. »

C'est à cette époque que les fondateurs de l'*Indépendant* vinrent trouver M. Gerson-Lévy pour le pla-
cer à la tête de ce journal comme gérant responsable,
fonctions qu'il occupa avec honorabilité jusqu'en
1855.

En 1858, il fit paraître ses *Orgue et Pioutim*, livre
qui eut un grand retentissement dans le monde hébraïsant. Il y félicitait chaleureusement ses coréligionnaires « d'avoir rompu, à l'exemple de notre
« généreuse France, avec les abus et les préjugés du
« passé, et d'avoir pris pour devise : *Religion, hon-
« neur, patrie, travail, union et concorde.* »   Ce
travail lui valut dans les *Archives israélites* des féli-
citations telles que celles-ci :

« Voilà un demi-siècle que vous êtes constamment
» sur la brèche, tenant dans vos mains le flambeau de
» la véritable religion uni à celui de la bonne civili-
» sation. »

Nous ne pouvons mieux compléter ces quelques
lignes d'éloges de cet homme excellent et distingué,
que par les discours qui ont été prononcés sur sa
tombe.

C'est d'abord celui de M. Lipman, Grand Rabbin de
la Circonscription de Metz, qui de sa parole autorisée,
a, dans une touchante improvisation, vivement ému
toute l'assistance,

Voici à peu près dans quels termes il s'est exprimé :

Messieurs,

La mort peut-elle jamais nous apparaître sous un aspect
plus solennel que devant la tombe qui va recevoir la dépouille
mortelle du bon vieillard, je dois dire du vénérable patriarche
que nous regrettons et que tous nous avons aimé.

Gerson-Lévy s'est éteint, rassasié de jours, de jours bien
remplis, bien employés pour lui et pour les autres. La mort
est venue retirer doucement de son corps glacé par les ans,
une âme assez purifiée sur la terre par les nobles travaux d'un
esprit toujours élevé et par les mouvements toujours généreux
d'un cœur d'or. Notre ami s'est endormi paisiblement au milieu
des siens, en leur léguant ses bénédictions avec le souvenir de
sa belle vie. Il laisse un grand vide dans notre communauté,
dont il était l'un des membres les plus utiles, l'un des plus
beaux ornements.

Beaucoup, en parlant du défunt, loueront sa vie laborieuse,
sa loyauté dans les affaires, l'aménité qui le distinguait, son
grand amour pour les belles-lettres et son savoir étendu; beaucoup diront comme il fut doublement le fils de ses œuvres et
quant à sa position sociale et quant à la science qu'il a acquise
dans les circonstances les plus défavorables. Mais laissez-moi vous
montrer combien son cœur était religieux et ce qu'il fut pour
la Synagogue qui le compte parmi ceux dont elle s'honore.

Trois jours avant le moment fatal, j'eus l'avantage de m'as-
seoir au chevet du malade, en compagnie de son gendre, qui

put avec moi admirer l'élévation de la pensée du vieillard
mourant. — Après quelques plaintes arrachées par le mal et
que bientôt il étouffa, le malade s'entretint avec moi sur le
culte, puis sur l'enseignement de la langue sacrée dans les
écoles et enfin... sur la mort, et il dit avec effusion : Que notre
religion est consolante, en nous enseignant par la bouche de la
Mischnah, que la mort appelle le pardon sur le pécheur ;
מת מכפרה ! C'est-à-dire, que pour l'Israélite, la mort est
le prêtre qui assiste le moribond, l'invite à faire la confession
mentale de ses fautes, à se réconcilier avec les hommes qu'il va
quitter et avec Dieu devant qui il va paraître, à rompre les
attaches qui le retiennent à la terre pour prendre son essor vers
le ciel. Pour clore cet entretien, notre ami cita lui-même, avec
un enthousiasme remarquable, les paroles solennelles qui ren-
ferment la conclusion de *Kohélêth* : סוף דבר הכל נשמע את־
האלהים ירא ואת־מצותיו שמור כי־זה כל־האדם, et il traduisit :
» Quand la fin arrive, tout s'explique, tout devient clair :
» crains Dieu et observe ses commandements. Voilà tout
» l'homme. »

Après avoir ainsi parlé de la mort, mon vénérable interlo-
cuteur se plut à faire rappeler devant moi, par son gendre, les
legs qu'il a faits en faveur des établissements de charité, et il
s'excusa de ce qu'il ne les avait pas faits plus considérables, en
me disant qu'il n'était pas riche. Je lui répliquai, dans la sin-
cérité de mon cœur : vous nous avez fait l'aumône la plus
grande, la plus précieuse, celle du cœur et de l'esprit.

Mes frères, vous confirmerez tous la consolation que j'ai
donnée à celui que nous pleurons. Vous entrerez dans le
sentiment de reconnaissance qu'instinctivement j'ai été porté à
exprimer pour nous tous.

Vous savez ce que Gerson-Lévy fut pour l'israélitisme qu'il
a servi avec toute l'énergie et toute l'intelligence dont il était
doué. Jamais sa plume ne fut plus brillante ni plus savante que
lorsqu'il traitait des sujets israélites. S'affligeant des imperfec-
tions qu'il remarqua dans l'éducation de nos enfants, il provo-
qua la fondation de nos écoles qu'il entoura de ses soins les plus
assidus, les plus dévoués. Aux enfants sortis des écoles, il fallait,
pensa-t-il, donner une direction intelligente vers un but

sérieux et, avec le concours de quelques amis, il jeta les fondements de la société de secours pour l'encouragement des enfants israélites aux arts et aux métiers. Dans une région plus élevée, nous le voyons pendant trente ans, à la tête de l'administration de l'école rabbinique; là, il fut un conseiller plein d'affection, un père pour les jeunes gens qui se vouaient au sacerdoce. Il nous a rendu un autre service encore que la foule laisse peut-être passer inaperçu, mais qui me paraît l'un des plus importants. Je veux parler de l'aisance avec laquelle il savait joindre un profond attachement pour le culte de la synagogue à un amour passionné pour la science et au goût le plus délicat de l'homme du monde. Gerson-Lévy savait par cœur, sur les Ecritures saintes, toutes les critiques des philosophes les plus frondeurs et néanmoins il lisait avec délices les commentateurs les plus accrédités dans la synagogue et dont le point de départ est la foi la plus complète. C'était édifiant de voir ce savant qui se livrait aux méditations les plus profondes sur les points les plus ardus de la philosophie, de le voir, dis-je, quitter si fréquemment ses travaux d'esprit pour venir dans le temple, se mêler, se perdre parmi les plus humbles et prendre une part sérieuse à toutes les cérémonies du culte. Il était flatté de posséder le titre honorifique que la Synagogue décerne aux Israélites érudits ou à ceux qui se distinguent par des services rendus. N'était-ce pas là, mes frères un digne hommage adressé au Dieu d'Israël ? C'est sous ce point de vue que j'ai voulu vous montrer l'excellent ami que nous perdons et vous le proposer comme un exemple.

Gerson-Lévy, vas recevoir au ciel le prix dû à ta belle vie.

Adieu !

M. de Bouteiller a pris ensuite la parole au nom de l'Académie, et dans la peinture frappante qu'il a faite des talents et de l'affabilité de son vénéré confrère, il a été, nous n'en doutons pas, l'organe des sentiments de tous ses collègues.

Voici le discours que M. de Bouteiller a bien voulu nous communiquer,

Messieurs,

Au sentiment douloureux qu'éprouve toujours l'Académie lorsque la mort lui ravit un de ses membres, doit se joindre aujourd'hui une impression plus vive et plus profonde. Elle voit descendre dans la tombe un des derniers survivants parmi les hommes éclairés et généreux auxquels elle a dû sa renaissance en 1819. M. Gerson-Lévy était de ceux-là, il en était comme M. Macherez, comme M. Munier, que nous avons vus nous quitter tour à tour, comme M. Thiel et M. Poncelet, qui restent désormais seuls parmi les vivants pour représenter la génération académique à laquelle nous sommes fiers d'avoir dû l'existence. Depuis 1819, M. Gerson-Lévy appartenait à l'Académie, et en prenant une part active aux travaux de la compagnie, il a assisté sans interruption au mouvement incessant de personnel qui a tant de fois, en quarante-cinq ans, renouvelé ses confrères et amené de nouveaux visages à la place de ceux que la mort ou l'absence faisaient disparaître de ses rangs. Or, je crois que nul ne me démentira, parmi ces centaines de membres qu'a successivement possédés l'Académie de Metz, il n'en est pas un qui n'ait ressenti pour M. Gerson-Lévy des sentiments de haute estime et d'attachement, que les progrès de l'âge avaient su transformer pour nous en une véritable vénération. Il était parmi nous le représentant d'une génération à laquelle nous devons une respectueuse reconnaissance, et nous nous sentions tous disposés à nous en acquitter envers elle en sa personne, tant nous trouvions réunies en lui à un haut degré les qualités que doit désirer une académie pour chacun de ceux qui la composent. M. Gerson-Lévy possédait une science profonde, un amour passionné pour les choses de l'esprit, un goût exquis pour les beautés littéraires et un art de bien dire qui se complétait dans une noble et attrayante simplicité. Je n'ai pas besoin de vous rappeler les travaux importants par lesquels notre confrère avait acquis une exceptionnelle notoriété comme orientaliste. Notre compagnie, qui pouvait, grâces à lui, traiter d'égale à égale avec une société voisine où fleurit l'étude des langues primitives de l'Asie, va désormais porter le deuil de cette science si élevée, et MM. du Mast et Burnouf ne trouveront plus parmi nous d'émule, pour ne pas dire de maître. Mais ce qui nous rendait M. Gerson-Lévy particulièrement aimable et cher, c'était cette simplicité, si j'ose dire candide, de son cœur, qui répondait si bien à celle que je louais tout à l'heure dans son style. Bienveillant pour tous, d'une exquise politesse, que dis-je, d'une déférence presque respectueuse pour beaucoup, qui près de lui n'étaient que des disciples et qu'il traitait comme des maîtres, il a passé au milieu des générations successives de l'Académie sans y trouver autre chose que des admirateurs pour ses talents, que des amis pour son caractère; aussi en lui disant adieu, chose rare et touchante, j'ai le droit de dire que les regrets que j'exprime sont les regrets de tous ceux que l'Académie à comptés dans son sein depuis près d'un demi-siècle. Je ne veux pas louer M. Gerson-Lévy en dehors du cercle de ses études et de ses relations académiques; des voix plus autorisées que la mienne s'en chargeront sans doute. Mais c'est cependant encore parler du savant que de dire qu'en dehors des travaux de linguistique dont il a enrichi nos mémoires, d'autres travaux, relatifs à la même matière, lui ont valu son admission à la Société asiatique de Paris et à l'Académie de Stanislas de Nancy. C'est en parler encore, malgré un caractère tout spécial dans lequel il ne m'appartient pas de pénétrer, que de dire qu'il a publié sur le judaïsme, sur les rites de son culte, et les observances de sa loi, de nombreux écrits qui ont eu un grand retentissement parmi ses coréligionnaires. Tous ces écrits, parmi lesquels je citerai la brochure intitulée *Orgue et Pioutim*, dans laquelle vous avez admiré un style nerveux et une érudition irréfutable, portent l'ardente empreinte de l'amour du progrès et dénotent les nobles aspirations d'un grand cœur vers le beau et le juste.

Messieurs, au nom de l'Académie en deuil, je dépose sur la tombe de M. Gerson-Lévy l'expression des plus profonds et des plus sincères regrets de tous ses confrères.

M. Lévy Bing, banquier à Nancy, ami et disciple du défunt, a prononcé, à son tour, ces quelques paroles pleines de cœur et de vérité ·

Messieurs,

Il n'y a pas encore une année je vins passer quelques heures à Metz, et quoique très-pressé je ne voulus repartir sans aller serrer la main à mon vénérable ami.

Il me reçut avec sa bonté ordinaire, et je dus en quelque sorte m'arracher à son affectueuse attention. Allez, me dit-il, et me revenez bientôt.

Je promis en effet de revenir, et Dieu sait si c'était ma pensée, mais j'avais compté sans mes nombreuses occupations, et, hélas ! je ne devais reparaître qu'au dernier jour.

A l'annonce de la fatale nouvelle mon parti fut aussitôt pris. Je voulus du moins, témoigner par ma présence toute l'estime, tout l'amour que m'inspirait l'homme illustre qui n'est plus, lui dire, une fois de plus, mon admiration pour son noble caractère, et ma ferme volonté de marcher sur ses traces. Mais, combien le chemin est difficile, et comment aspirer, même de bien loin, à tant de grandeur d'âme, de puissance d'intelligence et de mâles vertus.

C'est là, je le sais, le plus bel hommage que je puisse te rendre, ô mon vénérable maître, tu veux que ta pensée ne soit pas perdue, qu'après toi d'autres s'élèvent et tiennent ferme ce drapeau d'Israël que tu as si vaillamment porté et qui a fait la sollicitude de ta vie entière.

Ah ! cruelle et mystérieuse destinée de l'homme ! Pourquoi faut-il disparaître de la scène des vivants, quand on a sans cesse combattu pour une idée, au moment même où cette idée s'impose et triomphe ? La tolérance religieuse et, ce qui est bien plus, la bienveillance de tous envers tous, voilà ce que notre siècle verra se réaliser de plus en plus, et, nouveau Moïse, tu n'as vu que de loin cette bienheureuse terre promise, objet de tous tes vœux.

Mais non, ta destinée fut plus belle que celle du divin prophète; tu as touché les bords de la nouvelle patrie, tu as vécu au milieu d'un peuple de frères dans une cité de prédilection où ton nom est honoré, vénéré de tous, je n'en veux pour preuve que l'imposante réunion qui m'entoure, que les paroles que je viens d'entendre. La tolérance religieuse! Non ce n'est plus l'expression désirée; la tolérance peut ressembler à l'indifférence et c'est la fusion, la communion religieuse qu'il faut espérer désormais.

Quel bonheur pour tout cœur véritablement aimant, d'assister au rapprochement visible des enfants du même père qui est dans les cieux, où aînés et puînés se reconnaîtront enfin, après avoir longtemps combattu séparément pour une seule et même cause.

Qui mieux que toi a compris la suprême et grande phase qui s'annonce, ô mon cher et vénéré maître, et voilà le secret de la sérénité de ton âme, de ton attitude sublime devant ta mort, devant l'éternité.

Puisse ce concert de louanges si méritées, adoucir la douleur de ses enfants.

ED. MAYER.

Voici les dons qui ont été faits suivant les dernières volontés de M. Gerson-Lévy :

200 fr. à distribuer entre les indigents israélites le jour des obsèques;

200 fr. à l'hospice des sœurs de la Maternité;

200 fr. à l'hospice israélite;

200 fr. à la société israélite des Arts et Métiers;

200 fr. aux indigents de la communauté protestante.

E. M,

Extrait du *MONITEUR DE LA MOSELLE*.

(14 Décembre 1864.)

Un des plus savants littérateurs de notre ville M. Gerson-Lévy, philologue distingué, orientaliste érudit, est décédé dimanche, à l'âge de 80 ans.

Longtemps libraire dans un magasin plus renommé que fastueux, M. Gerson-Lévy était recherché, au milieu de ses livres pour la sûreté de ses indications, la variété de ses connaissances, la profondeur de son esprit. Il fut un de ces hommes d'initiative qui posèrent les fondements de la docte société devenue aujourd'hui l'Académie impériale de Metz. Sa vaste intelligence possédait toute une encyclopédie dont peuvent donner une idée les rapports sur l'histoire, les sciences, la littérature, la numismatique, l'archéologie, dont M. Gerson-Lévy enrichit les premiers fascicules des mémoires annuels de l'Académie messine.

Quoiqu'il ait été quelque temps gérant d'une feuille politique, c'était avant tout l'homme d'intérieur, le père de famille, l'intéressant conteur; c'était un conservateur fervent, mais un esprit libéral, ferme et convaincu dans ses croyances politiques et religieuses, tolérant et bienveillant envers ses adversaires; généreux pour les pauvres, zélé aux œuvres de bienfaisance. La société israélite des arts et métiers s'honore de l'avoir placé à sa tête, et il en a conservé jusqu'à sa mort le titre de président honoraire.

Cette existence, si digne et si bien remplie, peut se résumer en ces mots : savoir, modestie, dévouement.

LOUIS WENDLING.

Extrait du *VOEU NATIONAL*.

(14 Décembre 1864.)

Nous apprenons avec douleur la mort de l'un de nos concitoyens les plus estimés et les plus dignes de l'être. M. Gerson-Lévy, membre fondateur de l'Académie impériale de Metz, président honoraire de la Société israélite des arts et métiers, etc., est décédé dimanche dans sa 81e année. Il a honoré cette longue carrière par la pratique des plus pures vertus, par l'amour de l'étude, par des travaux d'une haute portée, par l'emploi des facultés d'un belle intelligence. Orientaliste et hébraïsant très-distingué, son érudition faisait autorité en ces matières. Mais en lui, l'homme de cœur, l'honnête homme relevait encore le savant. Il laisse une de ces réputations d'honorabilité et de savoir qui sont un précieux legs de famille. Ses obsèques ont eu lieu ce matin au milieu d'un immense concours de personnes, et il n'y a qu'une voix à Metz pour regretter l'homme de bien, l'homme instruit, l'excellent citoyen que la cité vient de perdre.

VAILLANT.

Extrait du *COURRIER DE LA MOSELLE*.

(13 Décembre 1864.)

« Nous avons le regret d'annoncer la mort de M. Gerson-Lévy, ancien libraire, ancien gérant de l'*Indépen-*

dant, membre fondateur de l'Académie impériale de Metz et président honoraire de la Société israélite des arts et métiers. Il est décédé le 11, dans sa quatre-vingt-unième année, honoré de l'estime générale, laissant la réputation d'un homme instruit, et, ce qui vaut mieux encore, celle d'un homme de bien. »

BLANC.

EXTRAIT DES *ARCHIVES ISRAÉLITES*.

(Numéro du 1er Janvier 1865.)

Le doyen des écrivains des *Archives israélites*, l'un des hommes qui ont le plus fait pour le progrès sage et modéré de notre croyance, *Gerson-Lévy*, est mort le 10 décembre, âgé de 81 ans, à Metz, sa ville natale.

C'est là une des pertes les plus sensibles pour l'Israélitisme français, pour la science, pour ce Recueil : Gerson-Lévy était de cette pléiade d'hommes de cœur et d'intelligence, les Oulif, les Anspach, les S. Cahen, les O. Terquem qui vers la fin du siècle dernier, unissant à la science du passé l'intelligence du présent et le pressentiment des nécessités de l'avenir, travaillèrent résolument à concilier des exigences également respectables, et à organiser un culte épuré, digne d'une période de liberté, à consolider l'émancipation par leur mérite et par la probité de leur vie, et, tout en allégeant le poids d'une liturgie que les circonstances avaient aggravée, ne se détachèrent jamais, soit de fait, soit au moins de cœur, de l'antique Mosaïsme.

Tout en agissant pour le bien public, ils se créèrent eux-mêmes un rang honorable dans la société ; mais, tandis que ses émules, ses amis, allaient chercher à Paris, à Bruxelles, de plus vastes théâtres à leur activité, Gerson-Lévy resta fidèle à Metz, et ce fut là que, tout en consacrant sa plume aux intérêts généraux, il essaya de réaliser les pensées de toute sa vie : si ses efforts locaux n'obtinrent pas tout le succès espéré, si une tentative de culte régénéré dirigée par lui n'aboutit point, du moins à Metz même, son influence s'exerça heureusement sur plusieurs parties de notre organisation religieuse ; d'ailleurs, après avoir applaudi à la création des *Archives israélites*, il apporta à notre journal le contingent si précieux de sa verve, de ses généreuses idées, de sa science du Judaïsme ; il y fit plusieurs campagnes contre les préjugés et contre les abus, et telle fut sa sympathie pour ce Recueil et pour son fondateur qu'il ne voulut jamais publier que là ses intéressantes considérations : les *Archives* pouvaient donc considérer Gerson-Lévy comme un de leurs partisans les plus convaincus, et la vive affection de près d'un demi siècle qui l'unissait à leur fondateur, feu notre père, n'a été un secret pour personne.

Parmi ses plus beaux travaux, ici même faut-il nommer cette série de lettres sur l'*orgue* et sur les *pioutim*, qui, réimprimée en volume, forme son plus solide titre de gloire littéraire ? Faut-il mentionner tant de rapports faits à l'Académie de Metz sur les sujets les plus divers d'archéologie et de critique ? Ce sera ultérieurement de notre part, ou de celle d'un de nos collaborateurs, l'objet d'un travail spécial que l'étude de la vie, des travaux

3

et de l'influence de Gerson-Lévy sur l'Israélitisme
contemporain. Aujourd'hui, sous l'impression d'un
coup aussi vif, nous ne voulons que rendre hommage à cette mémoire vénérée. Les notabilités juives
françaises qui se sont exercées dans la littérature
et la presse israélite disparaissent peu à peu, et les
générations nouvelles, plus familières avec leurs
noms qu'avec leurs œuvres, n'apprécient peut-être
pas à sa juste valeur l'étendue de leur rôle, la
profondeur du vide qu'ils laissent après eux. C'est
à nous de rappeler ces titres de gloire plus importants que connus, ces travaux dont nous éprouvons
les effets bienfaisants, sans reporter à leurs auteurs
la juste part de mérite qui leur est dévolue.

Gardons-nous de laisser s'éteindre d'aussi nobles
existences sans nous rappeler comment elles ont
été remplies, et souhaitons que la seconde partie
du XIXe siècle en puisse présenter autant et d'aussi
belles, d'aussi fécondes, d'aussi pures !

ISIDORE CAHEN.

EXTRAIT DE LA *FAMILLE DE JACOB*.

(Numéro de Janvier 1865.)

C'est avec une profonde émotion, que nous avons
appris la mort de ce vénérable vieillard, l'une des
plus brillantes lumières du judaïsme moderne et
l'un de ses plus éminents représentants dans la
société.

Aussi nous faisons-nous un devoir de rendre ici
hommage à son noble caractère ainsi qu'à sa science.

Favorisé de sa bienveillance qu'il nous avait pro-
diguée lors de notre séjour à Metz, et dont il nous
honorait depuis, nous avons pu apprécier sa bonté
d'âme et l'élévation de son esprit : toujours vigou-
reux, il ne se ressentait nullement des infirmités
de l'âge ; sous le poids des ans, son essor vers les
hautes régions de la pensée n'en était pas moins
sublime.

Ses travaux sur l'éducation de la femme, sur la
pédagogie, ainsi que sur la question si importante du
culte public, sont marqués au coin d'une saine critique
et font admirer en lui un sérieux et charmant écrivain,
un spirituel et judicieux observateur, ayant le sentiment des besoins modernes, et le courage de dire
hautement son opinion sur les sujets les plus délicats.

Comme on le voit, M. Gerson-Lévy était une nature
d'élite, un de ces hommes consciencieux qui ne
reculent devant rien quand il s'agit du devoir et de la
vérité ; il était l'homme véridique par excellence. Il ne
savait pas dissimuler sa pensée, et dans ses rapports
familiers comme dans ses travaux critiques et religieux, une seule loi inspirait sa parole, dirigeait sa
plume, c'était la loi de la vérité.

Loi sainte et divine ! sa belle âme te contemple et
t'adore, à cette heure, dans les régions supérieures, où
tout est lumière, vérité, amour.

Puisse ce noble esprit, rayonner sur nous du haut
du ciel, comme sur la terre ! Puisse-t-il lui-même se
délecter à la source de l'éternelle vérité !   B. M.

EXTRAIT DU MÊME JOURNAL.

« Le travail, imposé à l'homme après sa chute, est
le remède et non pas le châtiment. C'est par le travail

que nous nous habituons à la sobriété, à la tempérance, à la modération, à la vie simple et modeste : c'est le travail qui nous dérobe à la mollesse, aux désirs insensés, aux passions dangereuses : nourris-toi à la sueur de ton front et tu pourras retrouver le paradis sur cette terre. Qu'il est à plaindre le mortel qui cherche à se soustraire à cet arrêt de la Providence. » (Ar. Is. 1853, page 618).

L'auteur de ces réflexions morales, le savant et érudit M. Gerson-Lévy, de Metz, n'existe plus. La communauté israélite de cette ville pleure, en ce moment, la mort de l'un de ses membres les plus distingués ; les concitoyens du défunt, ses nombreux amis et connaissances le regrettent amèrement et le Judaïsme français est unanime à payer un tribut d'éloges, bien mérités, au caractère simple et généreux, aux talents incontestables et aux vertus privées de l'ancien académicien de la Moselle. Mais qu'il nous soit permis d'ajouter, à nous qui le connaissions de longue date, que le programme qu'il avait tracé aux autres, dans la citation ci-dessus, est celui de sa longue carrière ; il ne s'en départit jamais.

C'est par un travail quotidien, incessant, souvent pénible, qu'il était parvenu à se créer une position aisée et particulièrement à s'amasser un fonds de sciences et d'érudition, qui semblait inépuisable. Aussi peut-on dire de M. Gerson-Lévy qu'il est le fils de ses œuvres. Mais c'est dans le travail aussi qu'il avait trouvé *sa sanctification;* car il y avait appris à n'estimer, en dehors de sa famille, que les plaisirs purs de l'étude, à affectionner la simplicité dans les manières, la droiture du cœur, la fermeté de conviction, les sentiments de tolérance et de charité fraternelle. Il pouvait

avec raison affirmer que, par le travail seul, nous
retrouvons le paradis sur cette terre !

L'on ne peut lire, sans émotion, le touchant récit
que fait M. le Grand Rabbin Lipmann des derniers
moments de l'illustre défunt : « Après quelques plaintes,
dit-il, arrachées par le mal et que bientôt il étouffa, le
malade s'entretint avec moi sur le culte, puis sur
l'enseignement de la langue sacrée dans les écoles et
enfin…. sur la mort, et il dit avec effusion : « Que
notre religion est consolante, en nous enseignant par
la bouche de la *Mischnah,* que la mort appelle le
pardon sur le pêcheur « Mitah Mechaperêth » ! Nous
trouvons, en effet, dans un des nombreux écrits de
M. Gerson-Lévy, en faveur de la sagesse de nos institu-
tions religieuses, la même pensée d'espérance future,
reproduite en ces termes :

« Les Juifs, dans leurs plus grands malheurs, con-
servaient toujours cette culture morale qui nous fait
trouver dans les souffrances de ce monde la confiance
d'une compensation réservée à une vie qui ne doit
plus finir. » (voir Arc. Is. 1853 p. 458), et plus loin on
lit : « La charité, telle qu'elle est prescrite par Moïse,
telle que la prêchent les livres saints, est universelle :
Aime ton prochain comme toi-même, s'applique à
l'humanité entière, et si là où l'israélite doit encore
acheter l'air qu'il respire, il s'évertue à soulager toutes
les souffrances sans s'informer du culte que le malheureux professe, jusqu'où ne doit pas s'étendre sa
sollicitude dans les pays où l'égalité des droits entraîne
nécessairement l'égalité des devoirs ? » (Ibid.)

Là encore, le généreux défunt a prêché d'exemple,
comme le prouvent les dernières dispositions de son tes-
tament. Les pauvres d'aucune communion religieuse
n'ont été oubliés, et nous apprenons que sa famille

a l'intention de faire don de sa bibliothèque, si riche en ouvrages et documents rares, au séminaire israélite de Paris ; de son linge, de sa garde-robe aux indigents de la ville. Ses écrits et publications diverses seront réunis et imprimés, avec le portrait de l'auteur, et vendus au profit d'une bonne œuvre, par les soins pieux de son honorable gendre et de sa fille chérie, M. et Mme Alcan (*). Il est juste, que celui qui a si noblement plaidé pendant près d'un demi-siècle, la cause de la régénération morale et intellectuelle de nos coreligionnaires, ait sa place marquée dans nos souvenirs. Il ne faut pas que les semences du progrès, semées çà et là, dans des feuilles éphémères, par nos devanciers, ces hardis pionniers de l'avenir, ne vivent que *ce que vivent les roses,* (voir *Orgue et Pioutim* préface). Elevons à ces hommes courageux un monument de reconnaissance ; et nous, la postérité de ces promoteurs de la véritable science judaïco-littéraire, payons la dette de leurs contemporains ; et répétons, dans notre cœur cet adage de nos saints docteurs : « Que la mémoire du juste soit bénie ! »   M.-A. GERSON.

EXTRAIT DES *MÉMOIRES* DE *L'ACADÉMIE* DE *STANISLAS*.

(Compte-rendu annuel, 1864.)

. . . .

Triste effet de la condition humaine ! Je prétendais, messieurs, dans le tableau de nos rapports avec l'Institut de France, esquisser notre gloire, et je n'ai qu'é-bauché nos douleurs : Les vivants me prenaient comme par la main pour me conduire aux morts. Il me tarde de

---

(*) Pour des motifs particuliers, la famille a dû ajourner ce projet de publication.

sortir de ce deuil, afin de ne pas attrister plus longtemps une fête où vous avez convié la ville entière et
d'abord ceux qui la rendent florissante, heureuse et
belle entre toutes. Il faut cependant que je paie encore
en votre nom un juste tribut de regrets à ce vieillard
instruit et modeste, actif et serviable, intelligent et
bon, à ce libraire qui fut un bibliophile, à M. Gerson-
Lévy, membre fondateur de l'Académie impériale de
Metz et notre associé depuis douze ans. Il était le fils de
ses œuvres, cet honnête homme aussi religieux
qu'aimable, ce patriarche de l'érudition et de l'orientalisme : je conserverai toujours avec un profond
respect la lettre, pleine d'excellents conseils, qu'il
m'écrivait à l'occasion de notre grammaire sanscrite.

Le secrétaire, L. LEUPOL.

Le vénérable M. Joël Anspach, ami d'enfance du
défunt, avait préparé les quelques mots d'adieux sui-
vants qu'une indisposition provoquée par l'émotion l'a
empêché de prononcer :

Répandre quelques fleurs sur la tombe encore ouverte d'un
ami est un triste devoir à accomplir, mais il devient plus facile
à remplir lorsque cet ami a bien mérité de ses concitoyens et
de ses coreligionnaires et leur a laissé un modèle à suivre.
Gerson-Lévy fut du nombre de ceux qui portèrent une pre-
mière pierre à l'édifice de la civilisation des juifs ; ses débuts
furent pénibles et laborieux, il n'avait pour guide que lui-
même ; il fit ses premières études à l'Ecole centrale, seul établissement existant en France en 1798 ; ces études se bornaient
à l'étude de la langue française, sans négliger l'étude des
langues sémitiques, l'hébreu, le chaldaïque et les écrits des

rabbins. Appelé à professer la langue française dans un établissement d'instruction renommé, il profita de cette position pour s'instruire dans la langue allemande, et connaître les auteurs philosophiques et historiques des allemands ; il fut assez heureux pour se lier avec un jeune savant. Mais aux cœurs bien nés, la patrie est chère ; il revint dans sa ville natale, se maria avec une femme qui était un modèle de vertu, et s'associa avec son père et son frère pour le commerce de librairie. Cette association fut de courte durée, il s'établit sous son nom privé ; ses occupations commerciales ne l'empêchèrent pas de s'associer à quelques jeunes israélites pour fonder, à Metz, une école mutuelle israélite qui, malgré une opposition assez vive, rénferma bientôt plus de cent élèves ; elle fut, pour les israélites, le réveil de la civilisation ; des noms qui ne sont pas encore oubliés firent partie de cette pléiade. Ce furent, outre Gerson-Lévy, les Schwab, les Bing et les Worms. Sa profonde connaissance des écrits talmudiques lui permit de combattre avec fruit et avec un zèle qui ne s'est pas ralenti, ceux qui s'opposaient à toute réforme et à toute amélioration ; son livre *Orgue et Pioutim* est une œuvre d'avenir.

Président de la Société pour l'encouragement des arts et métiers parmi les israélites, il lui a donné pendant longtemps son temps et ses bienfaits.

Que dirai-je de son caractère privé, de son aménité dans les discussions, de eet esprit de charité, prêt à soulager toutes les misères sans distinction de croyance, et dont le dernier acte de sa vie a offert un salutaire exemple !

Tel fut Gerson-Lévy, et dans la longue carrière qu'il a parcourue, il est resté toujours le même : bon, indulgent, charitable. Que son cœur repose en paix au séjour des bienheureux ! Amen.

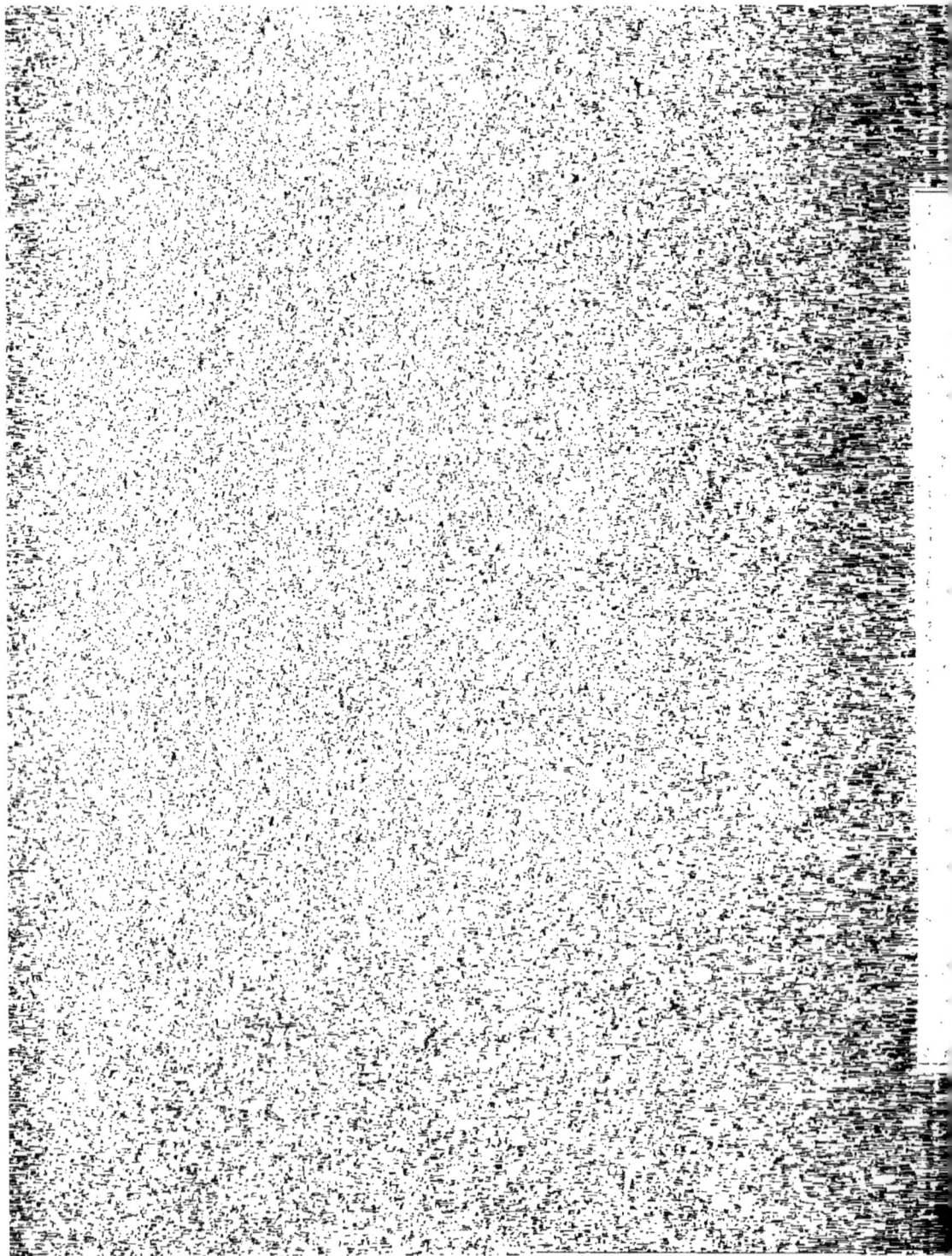

www.ingramcontent.com/pod-product-compliance
Lightning Source LLC
LaVergne TN
LVHW052012080426
835513LV00010B/1180